L'ASSEMBLÉE NATIONALE

PEUT ET DOIT SAUVER LA FRANCE

PARIS. — IMP. SIMON RAÇON ET COMP., RUE D'ERFURTH, 1.

V. TOURNIÈRE-BLONDEAU

L'ASSEMBLÉE NATIONALE

PEUT ET DOIT SAUVER LA FRANCE

> Des cieux tombe au hasard la semence du bien, chacun doit la faire germer aux lueurs vivifiantes du soleil.

PARIS
E. DENTU, ÉDITEUR
LIBRAIRE DE LA SOCIÉTÉ DES GENS DE LETTRES
PALAIS-ROYAL, 17 ET 19, GALERIE D'ORLÉANS

1871

SOMMAIRE

Appel à l'Assemblée nationale, qui doit ramener à la raison et à l'équité ce qui s'en écarte ; le salut de la France et de la civilisation en dépend.

DES INSTITUTIONS POLITIQUES

Ces institutions reposent en France sur le suffrage universel.
L'exercice du suffrage universel doit être modifié et réglementé pour produire le bien qu'on en peut attendre.
L'égalité des votes admise, sans tenir compte de l'inégalité des capacités, est injuste, absurde et nuisible à tous les intérêts.
Le scrutin secret affranchit de toute responsabilité.
Le suffrage direct empêche d'apprécier le mérite des candidats.
Le scrutin de liste opprime les minorités au préjudice général.
Moyens généraux de remédier aux vices du système électif.
Examen des incompatibilités.
— de la gratuité des fonctions électives.
— de la responsabilité, clef de voûte de l'édifice social.
Du Jury et des réformes qu'il exige.
Des Conseils cantonaux,
Des Conseils généraux,
De l'Assemblée nationale,
Et de l'extension de leurs attributions aux points de vue judiciaire et électif.

CONSIDÉRANTS D'UNE LOI ÉLECTORALE, ÉQUITABLE ET RAISONNÉE

ÉLECTIONS COMMUNALES ET CANTONALES

Devoir, corrélatif du droit, de désigner *un* mandataire à la commune, et *un* mandataire au canton, jury et votes ultérieurs.
La publicité du scrutin, garantie de responsabilité, et d'élections avouables.
Le scrutin individuel, garantie des minorités, et d'un choix raisonné.
L'abstention interdite, garantie d'une plus grande sincérité électorale.
Les manœuvres illicites déférées au jury, garantie de répression.
Conditions diverses des élections communales.
Conseillers cantonaux élus au scrutin individuel, à la majorité des suffrages, à raison d'un élu par cinquante électeurs.
En cas d'insuffisance du nombre des élus, second tour de scrutin par les électeurs dont les votes n'ont pas été utilisés
Fonctions des conseillers cantonaux : administrateurs du canton, jurés, et électeurs des conseillers généraux.
Abstention du mandataire motivant peines et destitution.

ÉLECTIONS DÉPARTEMENTALES

Convocation du Conseil cantonal, examen du mérite des candidats, nomination à la majorité des suffrages, à raison d'un élu par canton.
Fonctions des conseillers généraux : administrateurs du département, jurés d'appel, et électeurs des membres de l'Assemblée nationale.

ÉLECTIONS DES MEMBRES DE L'ASSEMBLÉE NATIONALE

Convocation du Conseil général, examen du mérite des candidats, nomination à la majorité des suffrages à raison d'un député pour dix conseillers généraux responsables de leurs choix.
Fonction des membres de l'Assemblée nationale : administrateurs de l'État, jurés de cassation, électeurs des ministres ; responsables comme tous les citoyens, et révocables comme tous les élus ou fonctionnaires.

AVANTAGES DU MODE D'ÉLECTION PRÉCITÉ

DE L'ORGANISATION

Une bonne organisation doit faciliter tous les progrès.

Moyens d'obvier le plus rapidement possible à une organisation défectueuse, en examinant soigneusement, encourageant et faisant exécuter ce qui peut être utile au bien public.

Formation de commissions spéciales dans les diverses assemblées.

Nécessité d'abréger les formalités et démarches.

La décentralisation doit être établie sur des bases rationnelles.

Éviter, à tout prix, la décentralisation politique.

L'excès de décentralisation administrative n'est pas à redouter.

Le représentant de l'État peut s'opposer aux tentatives décentralisatrices qui lui semblent offrir danger ou sérieux inconvénients.

Résidences différentes des représentants des pouvoirs émanés de l'élection et de l'État rendraient les conflits moins fréquents, leurs suites moins fâcheuses.

L'Assemblée nationale, juge suprême des questions menaçant l'unité et la prospérité générales.

DES VERTUS CIVIQUES

Nécessité de provoquer le retour des vertus civiques.

Le dévouement et le désintéressement, sources du patriotisme.

Insuffisance des efforts particuliers sans le concours de l'État.

La presse et le théâtre doivent aider à la renaissance de ces vertus.

Ils y seraient contraints par le principe de responsabilité, établi réellement, pour les récompenses et les peines.

Un système d'éducation meilleur doit assurer l'éclosion naturelle des vertus sociales et corriger les défauts du caractère national.

CONCLUSION

L'Assemblée nationale a le *droit*, le *devoir* et le *pouvoir* de ramener la France dans la bonne voie; les jalons sont posés, reculerait-elle devant l'honneur de sauver la Patrie?

A L'ASSEMBLÉE NATIONALE

Les convulsions dans lesquelles agonise la France lui présagent l'asservissement, la ruine, la mort!

Que le souvenir de la Pologne succombant, pour ne plus se relever, sous des malheurs dix fois moindres, en persuade les amis du bien public!

Que les Polonais, réduits à l'exil et à la misère, servent de leçon à qui écoute seulement la voix de l'intérêt personnel!

Et puisse l'Assemblée nationale investie, par le vote de tous les citoyens, d'un pouvoir sans limite, en faire usage pour nous sauver! Autant a été pénible sa tâche jusqu'ici, autant elle deviendra glorieuse et bienfaisante, si ses membres, unis dans une même pensée de conciliation et de patriotisme, fondent des *bases inébranlables* au gouvernement que choisira la France, lui permettant, sans cesser d'être fort et respecté, d'éviter le recours à l'arbitraire et aux errements funestes du passé, d'assurer l'indépendance et la prospérité, et de rendre à la patrie TOUT CE QUI LUI MANQUE.

Il suffit pour cela de marcher résolûment[1] vers ces phares

[1] Lorsqu'une mesure est reconnue utile et juste, rien ne devrait empêcher sa réalisation; cependant des objections d'ordre secondaire arrêtent souvent des réformes urgentes. Un bon ingénieur ne recule pas devant les difficultés : il les surmonte au moyen de viaducs, de tranchées, de tunnels; il renverse tout ce qui s'oppose à sa marche. C'est ainsi qu'il faut agir.

lumineux qu'on nomme la raison et l'équité, en supprimant de nos institutions politiques l'absurde et l'injuste, en facilitant efficacement les modifications qu'exige notre organisation défectueuse, et en provoquant par tous les moyens le retour aux vertus civiques.

Le choix d'un gouvernement n'offrira plus ensuite de sérieux obstacles ; en république ou en monarchie, le respect d'institutions rationnelles et équitables assure le bonheur d'un pays ; c'est une sauvegarde certaine contre l'anarchie et la tyrannie. On doit et on peut l'obtenir d'un souverain, du président ou des magistrats d'une république, aussi bien que du moindre citoyen [1].

[1] Ce sont des problèmes qui réclament l'apport des idées de chacun ; leur solution sera simplifiée considérablement, si l'on veut bien admettre le principe de la responsabilité dans toute son étendue et avec toutes ses conséquences.

DES INSTITUTIONS POLITIQUES

ET DES MODIFICATIONS INDISPENSABLES A L'EXERCICE DU SUFFRAGE UNIVERSEL

L'abnégation des préférences pour telle ou telle forme de gouvernement deviendrait facile si nos lois politiques étaient parfaites et leur observation assurée[1] ; ces garanties calmeraient les craintes et atténueraient bien des désirs.

Les principes de liberté, d'égalité et de fraternité, les causes de la prospérité, du bien-être et de la stabilité dépendent de ces lois qui concernent les devoirs et les droits réciproques de l'État et des citoyens.

Elles-mêmes reposent presque entièrement, en France, sur le suffrage universel, base la plus droite et la plus solide en apparence sur laquelle on ait établi un édifice social; base, en réalité, la plus gauche et la plus fragile, parce que, sans examiner la nature du terrain, on l'a assise sur le sable. Il ne suffit pas de découvrir une force motrice, il faut la répartir intelligemment, régulariser sa marche ou renoncer à s'en servir, sans quoi elle occasionne des désastres ou cause des dépenses sans profit.

[1] Les lois relatives aux rapports des citoyens entre eux, souvent équitables, faciles à perfectionner, n'empêcheraient aucunement la réforme immédiate des lois politiques.

On l'oublia et on négligea de demander à chacun son concours *dans la mesure de ses forces* pour l'établissement et l'entretien de l'édifice social.

Le dévouement, l'aptitude, l'instruction furent considérés comme des apports exigibles au même degré, puisqu'on décréta pour tous un droit égal; et le vote d'un vaurien ou d'un insensé[1] pèse, dans les destinées de la France, autant qu'eût pesé celui des Sully, des Colbert, des Montesquieu et des Tronchet!

L'absence de raison et de justice qui préside au vote, tel qu'il est en usage, offre l'inconvénient plus grave encore de paralyser les meilleures intentions de l'électeur en l'empêchant absolument de savoir ce qu'il doit faire et de faire ce qu'il veut; en effet, le vote devrait résulter de l'*appréciation éclairée de l'électeur et de sa volonté librement exprimée*. Or l'appréciation est nulle, parce qu'il est matériellement impossible de connaître les candidats de manière à choisir en conscience le plus digne[2]; et la volonté ne peut s'exprimer librement puisqu'on ne peut justifier son vouloir sur ce que l'on ignore.

Cela sert d'excuse à l'insouciance ou à l'indifférence des nombreux électeurs qui s'abstiennent; et le vote devient fréquemment l'expression des passions ou de l'ignorance, mises en œuvre par une coterie ou des meneurs parfois moins qu'honorables.

Il importait en outre que, par le mode de l'élection, tout homme éminent fût mis en évidence, afin qu'on n'ignorât pas à qui s'adresser en cas de besoin. Ceci n'a pas été fait, et

[1] Tous ne sont pas au bagne ou à Charenton.

[2] L'avis des journaux forme l'opinion des électeurs, et c'est le contraire qui devrait avoir lieu.

nous savons ce que nous ont valu, depuis neuf mois, les dieux inconnus et les vieux souvenirs[1] !

Dans sa détresse, la France subit les premiers, attendant merveilles de si habiles critiques; après eux, les reliques du passé restaient sa seule ressource!...

Bien qu'accablée à Sedan, notre patrie se fût relevée; et après ses désastres définitifs, bien qu'ébranlée par une lutte et une paix sans pareilles, elle eût évité ses horribles secousses si les hommes capables de donner la direction désirable n'eussent été inconnus.

La pratique du suffrage universel : *fautive* par la non-attribution d'une part proportionnelle à l'aptitude de chacun dans l'œuvre commune, et par l'impossibilité d'exiger la responsabilité d'un choix qui se fait au hasard; *imparfaite*, parce qu'elle n'aide pas les candidats à révéler leur valeur, est *inique* dans ses résultats, car les minorités peuvent subir le joug d'une majorité insignifiante qui, par le scrutin de liste, occupera exclusivement une assemblée[2]. Alors, maîtresse sans contradicteurs, elle décide du sort d'adversaires dont la seule ressource est de mettre à néant les vainqueurs pour reprendre eux-mêmes un pouvoir aussi excessif et aussi regrettable.

Abus et violences, discordes et haines sont les fruits de cette injustice[3]. Chaque opinion, victime à son tour, accuse

[1] On sentait si vivement la nécessité de se rattacher à autre chose que l'inconnu, lors des élections dernières, que toute notabilité mise en relief par les événements, quelque blâmée qu'elle fût d'un côté, était acclamée ailleurs.

[2] Aucun motif sensé n'a été allégué en faveur du scrutin de liste. « Celui qui a jeté ce germe de confusion, de déception, d'immoralité, de mort, dit Lamartine, a détruit par ce seul mot toute la vertu de la république, toute la possibilité de vie pour la démocratie. » On trouve malaisément un mandataire, et il en faut chercher dix!

[3] Aux désordres moraux s'ajoutent les préjudices matériels, car la préoccupa-

le vote universel, qu'elle apprend à mépriser, tandis qu'il devrait être l'objet du respect de tous pour produire le bien qu'on en peut attendre.

Le remède à ces maux est indiqué par leurs causes ; tous les efforts doivent tendre à :

1° *Faire une part proportionnée au mérite de chacun dans la valeur des suffrages ;*

2° *Restreindre le droit de vote aux limites dans lesquelles il peut être exercé en parfaite connaissance de cause ;*

3° *Faciliter aux candidats la révélation de leur mérite ;*

4° *Rendre les électeurs responsables des conséquences de leur participation au vote ou de leur abstention ;*

5° *Assurer aux minorités leur représentation aussi équitablement qu'il se pourra.*

On reviendra ainsi au sens commun et à l'équité.

tion presque constante des nouveaux arrivés est de modifier ou détruire l'œuvre de leurs devanciers.

DES INCOMPATIBILITÉS, DE LA GRATUITÉ

ET DE LA RESPONSABILITÉ

Après un examen sommaire relativement aux incompatibilités et à la gratuité des fonctions électives, suivi de quelques observations sur la responsabilité, clef de voûte des résultats électoraux comme de la vie sociale, il suffira de jeter un coup d'œil rapide sur les assemblées qui réclament le vote des électeurs, avant de dessiner l'ensemble du projet par une esquisse de loi électorale.

Entre l'élu qui reçoit un mandat et l'électeur qui le donne, s'établit une convention *tacite* qui, plus que tout autre contrat, devrait être *précise* et l'objet de soins minutieux. Les électeurs en quête de mandataires ne sauraient obtenir de conditions trop avantageuses. Néanmoins, le choix des mandataires dont l'électeur a pu davantage apprécier l'honnêteté et l'habileté est prohibé; des services qu'on obtiendrait souvent à titre gratuit sont rétribués ; et le recours contre les mandataires coupables est sinon interdit, du moins illusoire! Personne ne se dessaisirait, sans nécessité absolue, de semblables avantages; mais il s'agit de l'intérêt public; et comme d'usage, il cède le pas à des considérations secondaires. L'intérêt de tous ne jouira-t-il jamais de priviléges égaux à ceux de chaque citoyen?...

DES INCOMPATIBILITÉS

Un bon gouvernement employant de préférence au service de l'État les hommes les plus éminents en savoir et en vertus, la logique universelle désignerait ces hommes à l'attention des électeurs ; mais la logique spéciale, qui règle nos destins, veut que la confiance du gouvernement, confirmée par celle des électeurs, soit un titre d'exclusion pour ces administrateurs[1].

Ne valait-il pas mieux déployer une sévérité inflexible envers ces proscrits du scrutin, si des abus d'influence se révélaient dans leur élection, que de priver les électeurs du droit de réclamer leur concours[2] ?

L'organisation nouvelle des conseils élus, par suite des mesures décentralisatrices, permet au législateur de faire disparaître les appréhensions d'influence et de revenir sur les exceptions d'incompatibilité[3].

[1] La seule incompatibilité admissible est celle qui résulte des fonctions ou des causes matérielles empêchant l'élu de représenter ses électeurs : un ambassadeur, par exemple, ne peut conserver un mandat de député que son absence l'empêchera de remplir ; pas plus qu'un juge siéger en deux endroits simultanément, ni un officier demeurer en activité et se charger d'un mandat électoral. Entre deux honneurs, il faut opter quand il est impossible de remplir les deux devoirs qui s'y attachent ; mais l'*option* est le droit de chacun.

[2] Ils peuvent, il est vrai, se présenter aux suffrages s'ils sont démissionnaires depuis un certain temps ; mais pourquoi les obliger à perdre l'emploi qu'ils occupent avantageusement, pour tous peut-être ? Est-ce juste et sensé ? Leur influence, si elle est à redouter, ne diminue guère par cette mesure, car, s'ils laissent derrière eux des obligés, ceux-ci, ne pouvant plus compter sur leurs bons offices qu'en cas de succès, agissent avec plus de dévouement encore en leur faveur.

[3] En effet, tout porte à croire que, conformément au vœu général, l'extension

DE LA GRATUITÉ

Des intérêts particuliers, dissimulés sous le spécieux prétexte de sauvegarder l'égalité des droits pour tous, empêchent d'adopter, en principe, la gratuité des services électifs.

Pourquoi certains mandats sont-ils rétribués, et d'autres, non? pourquoi payer un membre de l'Assemblée, tandis que les maires, les conseillers généraux et autres élus ne touchent pas d'indemnité[1]?

Le payement que reçoit un mandataire n'augmente ni sa capacité, ni son dévouement; et l'honneur de servir le pays est, pour ceux qui sont dignes des fonctions électives, un stimulant plus précieux que l'argent[2].

La gratuité de ces fonctions ne saurait être d'ailleurs un obstacle au choix des électeurs. Celui que ses lumières au-

des attributions des conseils élus enlèvera à l'État des pouvoirs qui sont pour lui de véritables écueils; car chaque concession crée des ennemis, et le plus favorisé est rarement reconnaissant.

[1] Beaucoup prétendent que cette exception provient de ce que l'Assemblée fait la loi; si faux que cela soit, il vaudrait mieux ne s'offrir au suffrage de ses concitoyens qu'après s'être mis en mesure de le faire à ses risques et périls; ce serait une garantie, car celui qui aura su conduire ses affaires sera plus apte à gérer celles d'autrui. Les membres de délégation des conseils généraux siégeront pendant l'année entière, comme les officiers de l'état civil; quelles raisons pourront être opposées à ce qu'un traitement leur soit alloué? Et si on le fait, de quelles difficultés ceci ne sera-t-il pas la source?

[2] Les Assemblées où siégeaient gratuitement les de Villèle, les Royer-Collard, les Berryer et les Casimir Périer, n'étaient pas inférieures à celles où l'on soldait les Millière, les Pyat et les Razoua.

raient désigné à leurs suffrages, sans que ses ressources fussent suffisantes, recevrait de ceux qui l'auraient nommé un subside qui, pour lui comme pour eux, serait un titre d'honneur[1].

[1] Les fonctions électives pouvant être ainsi rétribuées, on userait bientôt de ce pouvoir, et sans doute assez fréquemment, car personne n'ignore qu'il est plus économique de payer un bon mandataire que d'accepter sans payement des services moins parfaits ; l'égalité serait rétablie de la sorte entre toutes les fonctions, à l'avantage général.

DE LA RESPONSABILITÉ

Les questions d'incompatibilité et de gratuité, résolues d'une manière illogique, sont préjudiciables au bien public, mais cela ne menace pas l'existence de la société; il en est autrement pour ce qui concerne la responsabilité.

Du principe de la responsabilité dépend l'avenir de la France!

S'il est reconnu et sanctionné du haut en bas de l'échelle sociale, comme l'exigent l'équité et l'intérêt général, c'est le défi aux passions mauvaises et aux révolutions, c'est le salut assuré!

S'il demeure tel qu'il est, incontestable, mais sans sanction, c'est, à courte échéance, la société abandonnée aux incendiaires, aux assassins, aux violateurs de toutes les lois et de toutes les libertés[1]!

[1] La société, pas plus que ceux qui la composent, n'a droit de se soustraire à la responsabilité qu'elle encourt. Les tentatives révolutionnaires, conséquences de l'état vicieux de l'organisation sociale et de l'impulsion fâcheuse donnée aux esprits, doivent être réprimées, puisqu'on n'a su les prévenir, en mettant les révoltés contre l'ordre social dans un milieu où ils puissent expérimenter à leur gré le vrai ou le faux de leurs doctrines.

La colonisation d'une île saine et productive, avec croisière alentour, donnerait toutes garanties à la société et permettrait à ces illuminés d'essayer, sans danger pour autrui, les systèmes dont ils exigent la mise à exécution. Les frais que nécessiterait l'établissement de la colonie seraient remboursés à l'État par un droit sur le trafic, dans des proportions suffisantes pour ménager tous les intérêts.

La responsabilité de chacun pour ses œuvres, garantie de l'intérêt social et axiome du droit commun dont les tribunaux font tous les jours l'application, est à peine mentionnée dans nos lois politiques à propos du souverain ou des plus hauts fonctionnaires. Jamais il n'est question de celle des employés inférieurs, ni des citoyens[1]; cependant, c'est le nœud gordien de l'existence sociale.

En investissant chacun du droit de vote, on a tacitement imposé l'obligation d'en user et le devoir d'en supporter les résultats[2].

Ne serait-il pas tout à la fois très utile à la moralisation et à l'équité, que les électeurs et les élus aient une part réciproque et effective de responsabilité dans leurs actes[3]?

Est-il croyable qu'on choisisse pour mandataire un homme qui n'inspire pas toute confiance, est-il admissible qu'on sollicite le suffrage de gens avec lesquels on répudie toute solidarité?...

Et que ceux qui agissent ainsi le fassent avec certitude d'impunité[4]!

[1] Le manque de responsabilité des employés est cause des exigences, des vexations et des persécutions qui font considérer un gouvernement comme tyrannique. Le manque de responsabilité des citoyens produit l'anarchie et les malheurs qui en découlent.

[2] Néanmoins, de même qu'un administrateur devrait supporter les conséquences de ses actes, qui actuellement n'affectent en réalité que le trésor public, de même l'électeur vote aux risques et périls de tous, bien plus qu'aux siens. Cela peut arranger ses petits intérêts particuliers, mais ne fait aucunement l'affaire de la société, qui supporte fatalement et injustement les résultats des fautes individuelles. Il est vrai qu'elle doit s'en prendre à elle-même s'il en est ainsi, puisque, maîtresse d'y remédier, elle n'en fait rien. Comment a-t-on oublié qu'aux droits des citoyens sont attachés des devoirs, et qu'il faut qu'une sanction pénale en assure l'exécution?

[3] C'est d'une pratique plus aisée qu'on ne suppose au premier abord; et comme il y a *nécessité absolue*, les difficultés, s'il s'en présentait, devraient être surmontées à tout prix. Voy. page 9, note.

[4] Il n'est pas moins extraordinaire de voir des influences s'exercer pour obte-

La juridiction que nécessiterait l'application du principe de responsabilité serait la juridiction naturelle du jury, et les peines devraient être fixées par une loi[1].

Dans le cas de responsabilité personnelle, la destitution du coupable, et dans le cas de responsabilité pécuniaire, la réparation du préjudice semblent inévitablement indiquées. Mais l'application efficace du principe de responsabilité ne sera possible qu'après qu'une loi spéciale aura déterminé nettement les cas de responsabilité et les limites de répression.

nir une nomination, sans que le solliciteur devienne responsable des faits et gestes de son protégé. Toute recommandation ne devrait être accueillie que sous la responsabilité de celui qui la fait. Il y aurait moins de solliciteurs et moins d'incapacités mises au jour.

[1] Ce n'est pas ici le lieu de s'étendre sur cette matière. Cependant on peut spécifier comme indispensable l'examen de la *proportionalité* et celui de la *solidarité* par rapport aux responsabilités. Une feuille publique exerçant une influence néfaste, mais très-restreinte, fera moins de mal qu'un journal très-achalandé qui répandra des doctrines malsaines. Devront-ils être traités de même? Des électeurs faisant arriver un élu indigne de l'être ne devront-ils pas être solidairement responsables? La responsabilité des associations ou des sociétés ne doit-elle pas exister comme celle des particuliers? Pourquoi ne pas exiger de toute société un cautionnement, capital qui s'accroitrait avec le nombre des sociétaires et l'objet de la société, et qui serait fonds de réserve, caisse de secours ou de retraite *obligatoires* pour toutes les associations? Ce serait une immense garantie pour la tranquillité de l'État et le bien-être des sociétaires.

DES ASSEMBLÉES ÉLECTIVES

DU JURY

Tout s'enchaîne. Les inconvénients du suffrage universel, d'abord instinctivement pressentis et bientôt tristement vérifiés, déterminèrent le maintien d'un jury *arbitrairement composé et tribunal d'exception* [1].

Là se retrouve le défaut d'équité et de logique des lois électorales; les citoyens inscrits par les préfets sur les listes du jury ne sont pas astreints à des connaissances spéciales, et les vices du système électif [2] ont pu seuls empêcher de former le jury par l'élection directe.

Si la fonction de juré est un honneur, pourquoi tous n'y peuvent-ils participer? si c'est une charge, aucun privilégié n'en devrait être exempt.

Les causes déférées à l'examen du jury ne forment qu'une partie de celles qui touchent aux intérêts de tous ou à l'hon-

[1] Ici, l'intérêt politique n'étant pas en jeu, on conserva ce qui existait, malgré son insuffisance, de crainte d'avoir pis encore. La conservation du jury, *tel qu'il est*, admise par les promoteurs du suffrage universel, n'est-elle pas la critique la plus manifeste du non-sens des lois électorales?

[2] Impossibilité d'apprécier le mérite relatif des candidats, d'en choisir un certain nombre et surtout l'absence de garanties de la part des électeurs et des élus.

neur des inculpés; pourquoi les autres sont-elles soustraites à la même juridiction[1]?...

Les attributions du jury, appelées à un développement inévitable, nécessiteront plus que jamais des garanties d'indépendance et d'honnêteté de la part de ses membres, aucun fonctionnaire n'en peut être responsable. Aux électeurs seuls appartient le *droit* de désigner les plus dignes, et le *devoir* d'assumer la responsabilité des nominations.

La charge de membre du jury imposée à ceux qui prétendent à l'honneur d'administrer le pays rendrait leur ambition plus méritoire et leur dévouement plus complet.

Sans prétendre délimiter exactement les attributions futures du jury, on peut affirmer que toutes les causes politiques et administratives, susceptibles d'être appréciées sans études légales, deviendront prochainement de son ressort.

Il devra en être de même pour les causes correctionnelles et la responsabilité, qui, comme les affaires criminelles, ne sauraient avoir de juges plus compétents. Dès lors, il sera indispensable d'établir des jurys cantonaux dont le jury départemental deviendra le tribunal d'appel[2].

[1] Le prétexte invoqué est la difficulté pratique : on en a surmonté, on en surmontera bien d'autres. Il est illogique (et, à ce titre, il y a lieu à modification) de distraire certaines causes de leurs juges naturels sans motifs sérieux et insurmontables.

[2] L'action des tribunaux et cours d'appel circonscrite aux causes civiles dégagerait la magistrature de tout soupçon de servilité envers le pouvoir, et le nombre moindre des magistrats permettrait de les mieux choisir. Les fonctions des juges de paix gagneraient en dignité et réclameraient plus d'indépendance, car, outre leurs fonctions actuelles, ils rempliraient, au chef-lieu du canton, le rôle de la cour près du jury départemental; l'office du ministère public serait exercé par un commissaire de police ou procureur cantonal.

Il n'est pas nécessaire d'insister sur les avantages qu'offrirait la justice rendue sur place, pour ainsi dire, et sur l'économie, la sécurité et la promptitude qui en résulteraient.

DES CONSEILS CANTONAUX

La décentralisation produira des réformes et des améliorations qu'on peut seulement préjuger ; cependant, le maintien des conseils d'arrondissement, ou, ce qui paraît bien préférable, leur remplacement par des conseils cantonaux, avec accroissement de leurs attributions, semble probable[1].

La plus grande prudence dans le choix des membres de ces conseils devra correspondre à l'augmentation de leur puissance ; et comme d'ordinaire les passions politiques étouffent la prudence, il importe de rappeler que ces conseillers sont investis d'une mission uniquement administrative et que toute autre préoccupation serait une entrave au moins inutile à leurs travaux[2].

[1] Les conseils cantonaux devront posséder évidemment le droit d'administrer, autant que possible, le canton ; puisqu'ils seront élus dans ce but, les obstacles qu'on mettrait à leur action seraient de véritables maladresses et des usurpations de pouvoir tant que cette action ne menacerait en rien l'unité politique du pays.

[2] Tout ce qu'on fera pour persuader les électeurs de cette vérité sera bien fait : il faut donc éviter d'introduire dans les attributions des conseils cantonaux les éléments de passions politiques, et montrer aux électeurs que les opinions de leurs élus seront sans importance au delà des points de vue locaux. On le fera en désintéressant absolument le gouvernement dans ces élections, et en rappelant brièvement, mais nettement, sur les cartes électorales, les devoirs des électeurs et les fonctions des élus.

Qu'on réfléchisse également que si un excellent administrateur peut être un homme politique pitoyable, de grands citoyens ont été de pauvres administrateurs !

Il ne s'agit donc aucunement pour les électeurs de consulter l'opinion politique des candidats, mais leur capacité administrative et leur honorabilité[1].

L'attribution aux conseillers cantonaux des pouvoirs judiciaires du jury frapperait les plus ignorants et ferait comprendre à tous la nécessité de choisir avec discernement, pour ne confier qu'aux plus dignes, les pouvoirs étendus *dont ils auraient d'ailleurs à partager la responsabilité.*

Le conseil cantonal, composé en moyenne de cent à deux cents membres, se diviserait en plusieurs sections, entre lesquelles seraient réparties les diverses fonctions du conseil d'une manière permanente ou temporaire ; ces sections pourraient elles-mêmes se subdiviser en bureaux qui seraient en activité à tour de rôle ou simultanément.

Les conseils cantonaux ne se réuniraient en entier, hors des époques réglementaires, que pour procéder à la *nomination du conseiller général* du canton.

Personne mieux que ceux qui auront été délégués par leurs concitoyens aux affaires administratives du canton ne serait apte à choisir son représentant au sein du conseil général ; et si, par des influences qu'on n'aura pu réprimer, un candidat réussit au préjudice d'un autre qui serait jugé

[1] Il en est de même pour les membres des conseils généraux; et dans tout pays, quelle que soit la liberté que la décentralisation y procure, l'immixtion de la politique dans les fonctions de ces corps administratifs est interdite ; c'est, en effet, l'écueil le plus dangereux que puisse rencontrer, non-seulement la décentralisation, mais la civilisation même, car c'est constituer mille États dans l'État, la négation de l'unité et de l'autorité, l'anarchie la plus complète et la plus déplorable.

plus digne, il restera aux électeurs la ressource de briser les délégués infidèles à leur mandat[1].

[1] Voy. à l'esquisse de loi électorale (pages 33 et 35). La loi et le jury suffiront amplement à la répression des influences *mauvaises*, car il en existe de bonnes contre lesquelles nul ne doit se défendre, celles qui proviennent d'une supériorité unie à la vertu, de bienfaits joints à la plus grande probabilité d'obtenir des services meilleurs, etc.

DES CONSEILS GÉNÉRAUX

Les modifications qu'introduiront dans les conseils généraux les mesures décentralisatrices en cours d'étude, n'attribueront certainement qu'une action politique très-restreinte aux membres des conseils généraux ; autrement ce serait un empiétement préjudiciable à tout le monde[1]. Les conseillers cantonaux, déjà plus éclairés pour la plupart que leurs commettants, seront facilement persuadés, en procédant à l'élection du conseiller général, qu'il faut choisir le citoyen habile, droit, capable de bien faire, plutôt que le discoureur politique le plus expert. Des idées et des vues politiques larges et profondes seraient sans résultat utile pour un théâtre sur lequel les intérêts départementaux ont la prédominance[2].

Le conseil général se trouverait investi des fonctions de

[1] On se rendra compte aisément du peu d'importance qu'offrent les idées politiques par rapport au bien du pays, en voyant ce qui se passe aujourd'hui. Devant l'intérêt social menacé, presque tous les journaux se sont accordés pour indiquer aux électeurs, à Paris, des candidats honorables, ne faisant entrer les opinions politiques qu'en seconde ligne.

[2] Pour être réellement investi du pouvoir administratif auquel la confiance de ses concitoyens l'appelle, le conseil général ne saurait dépendre davantage du préfet, ni comme convocation, ni comme compétence administrative, ni même comme administration. Une délégation permanente du conseil devrait remplir, quand tous les membres ne sont pas assemblés, les fonctions administratives les plus étendues.

jury d'appel ; divisé en plusieurs sections, comme le conseil cantonal, chacune aurait sa spécialité ; mais la tâche des conseillers généraux, moins nombreux et chargés d'intérêts majeurs, réclamerait plus encore leur temps, leur dévouement et leur capacité. Le conseil général ne pourrait-il s'adjoindre des conseillers cantonaux comme suppléants s'il y avait nécessité[1] ?

En qualité de délégués des conseils cantonaux, les conseillers généraux auraient mission d'élire les députés du département. Leur pratique des affaires, leurs rapports avec les hommes les plus remarquables du pays, les mettrait en état de procéder en connaissance de cause à ces importantes nominations, faites d'ailleurs à leurs risques et périls.

Le mandat électoral ne peut être une sinécure ; celui qui se consacre au service de ses concitoyens doit le faire avec un dévouement qui renvoie au second plan toute autre occupation. Se réunir pour voter, deux fois l'an, des projets examinés et préparés par d'autres, n'est-ce pas dérisoire ?... La résidence du conseiller général devrait être rapprochée du lieu des réunions autant que possible ; car dans les cas urgents, qui sont souvent aussi les plus graves, faudra-t-il l'attendre ; et comment se tiendra-t-il de loin au courant des questions en instance ?...

Le nombre des députés n'augmente pas leur valeur; la qualité est préférable à la quantité, celle-ci excluant parfois d'une commission des membres qui y rendraient de réels services.

Une Chambre composée de quatre cents députés environ, suffirait à tous les besoins; et, par cette réforme, un certain nombre de représentants reporterait ses services aux conseils généraux, où ils seraient véritablement utiles.

Les membres de l'Assemblée, choisis avec un soin infini dans l'élite du pays, en dehors de toute pression, ne devant plus nuire au gouvernement par des votes préconçus, trop dévoués ou trop hostiles, divisés en bureaux et répartis selon leurs facultés spéciales en commissions diverses, ne pourraient-ils se constituer en cour de cassation, par voie de délégation ou par la réunion de toute l'Assemblée, selon les cas, pour reviser certains arrêts du jury? Ne pourraient-ils choisir les ministres parmi les députés et hors de l'Assemblée? Enfin, ne devraient-ils pas assumer, eux aussi, la responsabilité de leurs actes, en rendant leur mandat facilement révocable, si les électeurs protestaient contre leurs agissements[1]?

[1] En statuant, par exemple, que, les électeurs membres d'un conseil général réclamant, à la majorité des trois quarts des votants, la réélection de leurs élus, cette réélection aurait lieu de droit.

ESQUISSE DE LOI ÉLECTORALE

Attendu que dans l'état de société tout homme a le droit et le devoir de participer, dans la mesure de son intelligence et de sa moralité, à la direction des affaires publiques, qu'il est indispensable que ces qualités soient appréciées chez chacun pour être utilisées au mieux de tous les intérêts ;

Considérant que l'opinion publique, seule, doit être consultée ; que son jugement ne peut être équitable que s'il est éclairé, et qu'il le sera d'autant mieux que le champ de ses recherches sera plus restreint ;

Considérant, d'autre part, que chacun est responsable du dommage causé à autrui pour crime, délit ou imprudence résultant de son fait, que cette règle de droit public, sauvegarde sacrée des intérêts particuliers, ne saurait être écartée sans folie quand il s'agit des intérêts généraux, aussi respectables et plus importants que ceux des particuliers.

L'Assemblée nationale, décide :

DES ÉLECTIONS MUNICIPALES ET CANTONALES

1° Tout Français est électeur et éligible sauf les cas prévus par la loi[1];

2° Il est appelé à élire[2] *un* conseiller municipal qui le représentera près de la commune, et *un* conseiller cantonal qui sera son mandataire au sein du jury et du conseil cantonal, et son délégué pour le choix du conseiller général du canton[3];

3° Il devra choisir pour mandataire l'homme le plus intègre et le plus capable; il est responsable de son choix dans les limites déterminées par une loi[4];

[1] Nul ne devrait être admis au vote, *désormais*, qu'après avoir donné au pays une année de services personnels, après ou avant sa majorité, et n'importe en quelle qualité. Les motifs d'exemption ou de réforme du service militaire ne devraient pas dispenser de payer sa dette à l'État en services d'autre genre. N'y a-t-il pas les bureaux, les corps ouvriers, l'intendance, etc.?

[2] Quoi de plus irrationnel que de réclamer plusieurs mandataires pour un seul électeur? Il résulte de là que, si ces mandataires varient d'opinion, leurs votes se contredisent et l'électeur n'est plus représenté du tout.

Tout citoyen doit être représenté par un seul mandataire, dont il peut apprécier la capacité, l'honnêteté et la responsabilité effective, suffisamment pour lui accorder toute confiance.

[3] La délégation intelligente et libre d'un droit vaut mille fois l'usage qu'on en ferait par ignorance. Qui ne cherche l'avis de plus éclairé que lui, quand il entreprend une affaire sérieuse, et ne la confie au plus habile?...

[4] Cette loi devrait spécifier les cas où la responsabilité serait encourue, et dans quelle mesure; dire si l'électeur ne serait pas privé temporairement ou perpétuellement du droit de vote pour certains abus, et alors quelle pénalité remplacerait le devoir et le droit de voter supprimés au délinquant. N'ayant qu'un mandataire à élire, l'électeur qui pourra choisir l'homme de bon conseil, de sens droit et de probité, de lui connu et estimé, subira justement, s'il se trompe, les conséquences de son erreur, comme il les subirait en confiant maladroitement un mandat dans son intérêt particulier; on doit être plus attentif pour ce qui concerne l'intérêt public que pour le sien propre.

4° Le vote s'opérera par la remise du bulletin de l'électeur au bureau électoral ; il sera vérifié immédiatement et porté au nom du candidat désigné ; ce nom aura été inscrit sur le bulletin par l'électeur, qui aura signé ; s'il ne sait écrire, deux témoins certifieront son choix par leur signature ;

5° Tout électeur qui n'aura pas voté, et ne pourra justifier son abstention pour cause de service public, de maladie ou d'absence obligatoire, sera condamné, au profit de la commune, à une amende fixée par le jury [1] ;

6° Les manœuvres coupables et illicites, ayant pour but de favoriser un candidat ou de lui nuire seront déférées au jury, qui appréciera le préjudice supporté par le candidat, condamnera le délinquant aux peines de droit, à des dommages-intérêts, s'il y a lieu, et validera ou invalidera l'élection ;

7° Le nombre des conseillers municipaux à élire variera selon les conditions diverses des communes, d'après la loi qui fixera aussi le chiffre des suffrages nécessaires pour être élu ;

8° L'élection des conseillers cantonaux aura lieu dans la proportion d'un membre du conseil cantonal pour cinquante électeurs de la même commune ;

9° La majorité des suffrages assurera l'élection ; cependant les suffrages ne seront utiles que si le candidat a recueilli vingt-six bulletins au minimum ou jusqu'à concurrence de cinquante bulletins au maximum [2] ;

10° Après le dépouillement public, le relevé des votes et la mise sous scellés des bulletins utilisés, le maire proclamera les noms des élus et le nombre de voix obtenu par chacun ;

11° Si le nombre des membres à élire n'a pas été atteint, il sera procédé à un second tour de scrutin par les électeurs dont les bulletins n'auront pas été utilisés.

[1] Il faudrait empêcher que les peines prononcées ne fussent illusoires : ce serait l'objet d'un travail trop important pour qu'on puisse l'aborder ici ; néanmoins les statuts d'associations diverses peuvent donner l'idée du bénéfice que retirerait cette vaste association qu'on appelle la Société, à ce que des caisses de prévoyance obligatoires assurassent des droits éventuels à chacun, par un versement ou une retenue mensuels des plus minimes.

[2] Lorsque le maire recevrait un bulletin au nom d'un candidat ayant déjà cinquante suffrages, il en avertirait le votant en lui rendant un autre bulletin en échange de celui qui lui aurait été remis.

DES ÉLECTIONS DÉPARTEMENTALES

1° Tout conseiller cantonal, membre du jury, est appelé à élire, comme délégué de ses commettants, le conseiller général du canton, membre du jury départemental et délégué pour l'élection des députés du département ;

2° Il se rendra, aux jour et heure indiqués pour l'élection, au lieu désigné par l'avis de convocation, et son absence, sauf le cas d'excuses motivées, sera punie d'une amende fixée par le jury, qui en déterminera l'emploi ; il pourra être contraint de donner sa démission par la réclamation des trois quarts des électeurs qui l'ont élu [1] ;

3° Le président fera connaître les noms, qualités et titres des candidats qui se seront fait inscrire ; et chaque membre du conseil pourra joindre ses observations à celles du président pour éclairer l'Assemblée.

Les candidats étant ensuite introduits, dans leur ordre d'inscription, chaque conseiller, après avoir écouté leur profession de foi, pourra adresser aux comparants les questions qui seront de nature à faciliter le vote en parfaite connaissance de cause [2]. Après la sortie du dernier candidat, les conseillers devront faire leur choix, et s'attacher pour cela à l'honorabilité du candidat et aux services que le pays peut attendre de sa participation aux affaires. Ils seront solidairement responsables, avec leurs covotants, des actes publics de leur élu, dans les termes spécifiés par une loi.

[1] Il n'est pas possible qu'un délégué au vote puisse s'abstenir d'y prendre part, ni qu'un mandataire s'abstienne de remplir son mandat, sans qu'il y ait pénalité — de par la loi et de par l'appréciation des mandants.

[2] Rien de suspect ne pourrait subsister, après cette épreuve, dans l'esprit des électeurs : les doutes sur le passé ou l'avenir d'un candidat seraient éclaircis aisément. Par cette précaution et la responsabilité effective du vote, les élections offriraient des garanties sans précédents, et cependant indispensables.

4° L'élection aura lieu à la majorité des suffrages, qui ne pourra être inférieure au tiers des électeurs présents[1] ;

5° Le scrutin se fera par appel nominal opéré par le président : chaque conseiller cantonal répondra à l'appel de son nom par celui du candidat qu'il choisit ; ce nom sera immédiatement répété à haute voix et inscrit par deux secrétaires en regard du nom du votant ;

6° Le président communiquera ensuite le relevé des votes et proclamera le nom du candidat élu.

[1] Il importe peu qu'on fixe ici un tiers ou une autre proportion : les détails n'ont pas d'importance dans cette esquisse; son unique but est de montrer comment on peut résoudre les difficultés qu'offre l'imperfection actuelle du suffrage universel. Les chiffres relatifs aux électeurs ou aux élus peuvent également varier sans inconvénients. Les calculs adoptés reposent sur ce que 10 millions d'électeurs, environ, en France et dans les colonies, nommeraient 200,000 jurés à raison de 1 élu par 50 électeurs, ce qui assurerait facilement le service du jury et des conseils cantonaux. On pourrait conserver, d'ailleurs, le même nombre de membres aux conseils généraux, malgré l'augmentation de leurs attributions, en leur adjoignant des aides ou suppléants si la nécessité en était reconnue.

DES ÉLECTIONS NATIONALES

1° Tout conseiller général, membre du jury d'appel, élira comme délégué de ses commettants un député à l'Assemblée nationale ;

2° et 3° Voir les numéros correspondants des élections départementales, page 33 ;

4° Le nombre des députés à élire sera dans la proportion d'un député pour dix conseillers généraux ;

5° La moitié seulement des députés pourra être choisie parmi les membres du conseil général ;

6° L'élection aura lieu à la majorité des suffrages ; dix votes formeront le maximum et sept le minimum utile à la validité d'une élection, sans qu'en aucun cas le nombre des élus puisse excéder le chiffre réglementaire des députés du département ;

7° Le scrutin se fera par la remise entre les mains de chaque candidat d'une déclaration du conseiller général qui l'adoptera pour son élu[1] ;

8° Ces déclarations seront recueillies à la fin de la séance par les candidats et déposées immédiatement par eux entre les mains du président qui, après le relevé des votes et la mise sous scellés des déclarations utilisées, proclamera les noms des élus ;

9° Si le nombre des membres à élire n'est pas atteint, il sera procédé à un nouveau vote par les conseillers généraux dont les déclarations n'auraient pas été utilisées.

[1] Il serait à désirer que *toutes les élections* fussent insérées dans les journaux, non pas seulement quant aux noms des élus, mais quant aux noms des votants et à leur répartition entre les divers candidats. Un des meilleurs moyens pour relever le niveau de la morale publique, si ce n'est *le seul*, consiste à faire en sorte que chacun ait le courage de ses œuvres. On n'a intérêt à cacher que ce dont on devrait rougir.

PRINCIPAUX RÉSULTATS DU MODE D'ÉLECTIONS PRÉCITÉ

Admettant sans discussion [1] le droit de tous les Français à participer aux affaires du pays, l'exercice le plus large, que la raison et l'équité permettent d'attribuer à chacun, serait assuré par le mandat *individuel* qu'on confierait *publiquement* au candidat jugé plus digne *après examen* de représenter l'électeur.

Toutes les opinions, toutes les classes, toutes les idées, obtiendraient, par le *fractionnement des votes*, leur représentation. *Aucune minorité avouable ne serait sans mandataire*, et comme la majorité, elle aurait toute probabilité d'être représentée par l'homme le plus capable de défendre ses intérêts. L'*obligation de voter imposée à tous* rendrait aux votes une valeur que de trop nombreuses abstentions diminuent [2].

[1] Ceci est un effet du libéralisme des classes aisées, car elles pourraient prétendre qu'il n'y a pas égalité de droits quant à la direction de la Société, entre elles et les déshérités de la fortune, parce qu'il n'y a pas égalité d'intérêts légitimement acquis; c'est ce qu'admettent encore presque tous les peuples. Il importe que les malheureux n'ignorent pas que s'ils jouissent *sans conteste* de droits entièrement égaux avec ceux qui sont infiniment plus intéressés qu'eux à l'ordre public, ils en doivent reconnaissance; et le principe de fraternité doit être d'autant plus sacré à leurs yeux qu'on le pratique envers eux.

[2] Notre régime politique, fondé sur le vouloir de la majorité des citoyens, n'a plus de raison d'être quand les abstentions sont considérables, car alors c'est la minorité qui gouverne. Il faut renoncer au suffrage universel ou contraindre à user du droit de vote.

La responsabilité de l'élu serait *une garantie pour les électeurs et l'État;* comme la responsabilité de tous les citoyens aiderait *aux progrès sans périls*[1], *elle empêcherait la sollicitation des incapables d'être accueillie;* le même principe de responsabilité assurerait chez les fonctionnaires publics *l'habileté, le zèle, le dévouement et l'urbanité* qui trop souvent leur font défaut[2].

La justice serait mise au-dessus du soupçon de pression gouvernementale, par l'attribution à un jury établi sur des bases rationnelles et équitables de *tout* ce qui peut être de son ressort.

Le recours en appel existerait pour les matières soumises au jury comme pour celles (*moins graves cependant*) qui sont du ressort des tribunaux.

Les candidatures scandaleuses ne se produiraient plus avec chance de succès; les conseils cantonaux seraient formés de l'élite du canton, les conseils généraux seraient composés de l'élite du département, et l'Assemblée nationale serait la réunion de toutes les sommités de la France.

N'est-il pas naturel que chaque degré, au fur et à mesure qu'il approche du sommet, soit établi avec plus grand soin et par les meilleurs ouvriers?

[1] Ces périls, il ne faut pas l'oublier, sont menaçants pour la France d'abord, puis pour la civilisation que tant de siècles ont vue se développer au milieu d'obstacles moins redoutables que les efforts de ces civilisateurs nouveaux qui prétendent faire progresser l'humanité... avec quels principes et quel génie!...

[2] La responsabilité, outre les avantages indiqués déjà, offrirait celui d'assurer une délimitation véritable des pouvoirs; c'est un critérium infaillible avec lequel les empiétements ne seraient plus à craindre. On n'aurait plus désormais à déplorer des faits semblables à ceux dont la commission d'enquête recueille chaque jour les tristes preuves sans découvrir tous leurs auteurs.

DE L'ORGANISATION.

La bonne organisation produit l'ordre et l'économie, sources de la sécurité et de la richesse publique; elle assure la force d'un État, de même que l'observation des lois garantit l'indépendance et la prospérité des citoyens. On a droit d'être fier d'une organisation parfaite, elle rend presque invincible; dans un désastre, le lieu ou l'objet atteint souffre seul, et les événements les plus sinistres ne font qu'effleurer le sol.

Notre organisation a révélé, dans ces derniers temps, ses défauts et ses qualités. Il faudrait le long et consciencieux travail d'hommes expérimentés pour indiquer quels remèdes guériraient le mal [1].

Le moyen le plus efficace d'arriver à ce résultat serait l'*examen et la prompte mise en œuvre des améliorations réalisables* [2].

On obtiendrait, par des encouragements et des récompenses, que les esprits d'initiative, dans toutes les spécialités, s'occupassent de ces questions; on l'obtiendrait bien plus encore par la certitude que les travaux de ce genre

[1] Et ce travail, il importe de le provoquer de toutes manières.

[2] Ceci ne se bornerait pas à la réorganisation des services publics, mais s'étendrait à tout ce qui est d'*utilité publique*.

seraient examinés avec le soin qu'ils mériteraient, et utilisés s'il y avait avantage suffisant.

A des commissions spéciales, permanentes, et choisies par *toute assemblée* dans son sein, incomberait le labeur d'étudier les propositions reconnues susceptibles d'un examen sérieux[1] et de hâter les réformes ou les améliorations décidées.

L'expérience démontre qu'il est aisé de décréter une modification, et non d'obtenir sa réalisation. Plus d'un ministre a vu échouer ses efforts devant le mauvais vouloir ou la force d'inertie qu'opposaient ses subordonnés. Tant qu'une autorité, supérieure même à celle du ministre, et plus implacable, parce qu'elle sera collective, n'aura pas mission d'imposer la mise à exécution rapide des modifications adoptées, on restera dans l'ornière[2].

Chacun trouverait cependant son compte à ce que les ordres négligés s'exécutassent sans délai : l'État, par le profit qu'il en retirerait; l'Assemblée, par respect pour sa propre dignité; et les employés, parce que, presque toujours, leur besogne serait facilitée et simplifiée par des innovations intelligentes[3].

[1] Par une sous-commission composée d'hommes spéciaux pris en dehors de l'Assemblée, si on le jugeait préférable, mais présidée par un membre de l'Assemblée.

[2] Il faudrait que les commissions d'examen et de surveillance fussent nanties du droit de révocation à l'égard des employés de mauvais vouloir, et il ne serait pas nécessaire d'abuser de ce droit, si on en usait d'abord.

[3] Inutile de narrer les péripéties, écritures, démarches très-incroyables que nécessitent aujourd'hui les choses les plus simples — un clou, par exemple! — et les courses, pertes de temps, sollicitations imposées au public, le plus souvent sans utilité aucune!... Ce sont des coups d'épingle qui font plus haïr l'administration qu'une blessure mortelle, et dont le gouvernement, quel qu'il soit, supporte la responsabilité : celui qui se plaint l'accuse en effet des injustices dont il se croit victime, parce que leur auteur apparent n'en est pas rendu responsable par l'État et la loi.

DE LA DÉCENTRALISATION

A l'organisation se rattachent étroitement les questions relatives à la décentralisation. Elles sont exposées à être résolues au rebours des intérêts du pays, si l'on s'obstine à ne tenir compte, ni des principes qui doivent guider dans cette voie, ni de l'expérience des autres peuples[1]; si l'on ne comprend pas qu'on n'obtiendra de bons effets que par l'adoption d'un ensemble de mesures rationnelles.

Il importe d'abord de ne décentraliser que ce qui doit l'être avantageusement, c'est-à-dire ce qui ne touche pas à la politique; car, s'il est vrai que la décentralisation protège les libertés en matières administratives, il n'est pas moins vrai, qu'étendue à la politique, elle est un obstacle insurmontable à l'ordre public et à l'autorité gouvernementale. Elle est pour l'administration un élément de force, et pour la direction politique une cause de faiblesse, d'irrésolutions et de démembrement.

[1] La liberté communale est d'autant mieux un gage d'ordre et de prospérité qu'elle est plus étendue. Dans tous les États, elle amortit la gravité des passions politiques et sociales, en servant de dérivatif aux ambitions. C'est la liberté communale de l'Angleterre, plus encore que le gouvernement représentatif, qui lui permet de résister aux secousses sociales et politiques qui la menacent; c'est cette même liberté qui aide à supporter patiemment, en Prusse, un régime autoritaire basé sur des préjugés et des privilèges aristocratiques excessifs.

Que penser d'un corps humain auquel plusieurs têtes prescriraient des mouvements contradictoires dans chaque membre?... N'est-ce pas une seule volonté, qui, dans l'état normal, dirige les mouvements?... S'il en est autrement, le premier soin du médecin sera de ramener les membres à l'obéissance de la volonté raisonnée, dont la tête est le sanctuaire.

Il en est ainsi du corps social; et, en continuant la comparaison, on voit le cœur, bien que privé de la direction mécanique, modifier cependant les impulsions de la volonté quand la raison le permet. De même les conseils élus peuvent exprimer des vœux administratifs ou sociaux; des réformes sociales peuvent même être appliquées utilement dans une région alors qu'elles nuiraient dans une autre, tandis que des vœux politiques seraient partout une entrave à la vie et à la force de la patrie[1].

Une décentralisation, en apparence excessive, peut faire appréhender des conflits entre les conseils élus et le représentant de l'État, mais il est facile de les éviter ou de diminuer leur gravité en ne mettant pas en contact immédiat les représentants investis par l'élection des pouvoirs administratifs, et ceux que l'État charge de maintenir la cohésion et l'unité sans lesquelles il n'y a pas de puissance véritable[2].

Les commissions administratives permanentes du can-

[1] La préoccupation persévérante de la France doit être de devenir assez forte pour n'avoir point à redouter l'issue de la lutte à laquelle l'ont condamnée, *sous peine d'avilissement*, les exigences de ses ennemis. Elle deviendra *invincible* en unissant dans leur plénitude ses forces matérielles et morales.

[2] Un voisinage trop rapproché offre de sérieux inconvénients : les haines s'attisent au lieu de se calmer avec le temps ; tout est prétexte à interprétation fâcheuse ; enfin il est bien des intérêts qu'on juge plus sainement à distance, surtout quand il s'agit d'*unité* à faire respecter en dépit de préjugés locaux.

ton ou du département, munies des droits les plus larges, auraient seulement à appréhender le véto du représentant de l'État, siégeant au *chef-lieu d'arrondissement* (pour les cantons) et au *chef-lieu de la province* (pour les départements), quand il croirait devoir mettre obstacle à l'exercice de ces droits, comme compromettant les intérêts généraux du pays[1]. Les autres cantons d'un même arrondissement ou les autres départements de la même province pourraient être consultés selon les cas, — et l'Assemblée nationale déciderait en dernier ressort; car l'unité de la France ne saurait être jugée compromise, sans que ses représentants en décident.

[1] Le séjour du représentant de l'État dans un endroit plus important que celui où s'exercent les influences locales lui permettrait de n'en pas subir le contre-coup. Il serait d'ailleurs à même de se transporter facilement où il serait nécessaire, et de courts délais devraient être assignés à son opposition, aussi bien que les objets auxquels elle serait circonscrite devraient être limités au moindre nombre qu'il se pourrait.

DES VERTUS CIVIQUES

En dehors de la réforme radicale des lois politiques et des modifications de l'organisation administrative et sociale qui doivent s'opérer sans retard, ni hésitation, dès que l'avantage en est démontré, il faut renforcer la base de la société au moyen des vertus civiques.

Leur intronisation dans les mœurs publiques peut seule garantir la durée des réformes et l'exactitude avec laquelle elles seront observées.

Ces vertus sont : le *dévouement* et le *désintéressement*. Appliquées au bien public, elles sont sources du patriotisme qui enfante les Catinat et les Cincinnatus.

En les remettant en honneur on rétablirait, sur l'échelle la plus vaste, le principe fondamental des civilisations? c'est-à-dire l'observation des devoirs réciproques de chacun envers tous, de tous envers chacun[1].

Et la force, la ruse, la mauvaise foi, réduites à l'état d'exception, s'inclineraient fatalement devant le droit.

Mais la pratique et la connaissance même de ces devoirs

[1] Nul ne se dérobe à cette obligation sans un notable préjudice pour ses concitoyens ; on doit donc être responsable, dans la mesure du possible, de l'exécution de ces devoirs.

réciproques ont été altérées profondément par les passions auxquelles l'envie et l'égoïsme donnent naissance[1]; cependant la semence se retrouve intacte, pour les uns, dans la religion bien interprétée; pour d'autres, dans les idées philosophiques et morales sainement comprises.

Malheureusement, l'imperfection de nos institutions, la futilité générale des idées, l'indifférence, la mollesse, l'ignorance d'un grand nombre, et l'ambition de certains autres, ont rendu stériles, ou sans profit, les recherches ou les efforts individuels, et il faut user des sévères leçons du présent, engrais favorable peut-être, pour ensemencer, à toute volée, le champ immense de l'avenir.

Ce sera facilité, d'abord, par le retour *à la raison et à la justice* dans les institutions politiques, comme dans les lois civiles; par la réforme des vices d'organisation qui engendrent des abus : *excuses et exemples de tous les coupables;* enfin par la mise en œuvre d'une responsabilité *effective pour tous et solidaire quand il le faudra*[2].

Mais il ne suffit pas de faciliter le retour aux vertus sociales, il importe de l'obtenir promptement.

La presse et le théâtre, qui ont grandement contribué à conduire la société à l'abîme, doivent être appelées à son secours; que leur influence, bienfaisante désormais, remplace leur action si longtemps néfaste! Il est possible d'assurer ce résultat, sans porter atteinte à aucune liberté, si le principe de responsabilité proportionnelle

[1] Elles ont pour digne et inséparable auxiliaire le sophisme, que des gens dénués de conscience ou de jugement mettent toujours au service des plus mauvaises causes.

[2] Le nombre des auteurs d'un crime facilitant son accomplissement, n'est-il pas juste qu'ils soient punis solidairement et proportionnellement, puisque leur collectivité (solidarité véritable) a pu décider leur succès; si l'un d'eux périt pendant l'entreprise, ses coassociés ne partagent-ils pas ce qu'il eût recueilli?

est reconnu et proclamé; et si on se préoccupe enfin, non-seulement de châtier d'unemanière souvent illusoire, mais de *récompenser* comme il convient les méfaits ou les services relatifs à l'intérêt social[1].

La presse et le théâtre, ces deux modes de publicité les plus actifs qui soient connus, doivent être encouragés et dirigés, à tout prix, au nom de la civilisation en péril, dans la voie du bien et du vrai[2], c'est-à-dire : vers ce divin précepte : *Aimez-vous les uns les autres;* vers le respect de l'autorité, qui s'imposera d'ailleurs de lui-même, si elle est maintenue dans ses limites par le sentiment d'une responsabilité effective; vers la réforme pacifique des abus, d'où qu'ils viennent; enfin, vers l'étude des ques-

[1] Rien à espérer d'efficace et de durable, tant qu'une responsabilité en rapport avec l'importance du dommage ne sera pas admise et ne produira pas ses effets par sa mise à exécution. Qu'attendre d'un système qui atténue la gravité des crimes ou délits quand ils ont pour objet la généralité des citoyens et l'ordre social, qui crée ou maintient des lois d'exception en faveur des misérables que l'appât du pouvoir entraine à tous les excès et qui obtiennent des complices par des calomnies révoltantes dont ils n'ignorent pas la fausseté?...

[2] Tout homme de lettres a mission d'instruire et d'éclairer le peuple ; on n'en peut admettre d'autre. Qu'ils soient responsables et, comme tels, récompensés selon leur mérite; que les plus éminents par un bon sens inexorable, ne faisant grâce à aucun travers, à aucun abus, soient attachés à l'organe du gouvernement, et qu'ils aient le droit et le devoir d'insérer réponse à toute assertion malfaisante ou malsaine des journaux qui ne redouteraient ni les conséquences de leur responsabilité, ni l'opinion publique. Que le droit des pauvres, qui frappe les théâtres, disparaisse complétement des pièces reconnues *moralisatrices*, et que les autres soient taxées selon le plus ou moins de services qu'elles rendront à la société. L'auteur ne touchant plus ainsi des bénéfices d'autant plus élevés que son œuvre est plus scandaleuse, beaucoup d'hommes d'esprit en trouveront assez pour tourner vers le *bien* leurs efforts et, par suite, ceux de leurs auditeurs. Les journaux aideront puissamment à ces résultats s'ils consentent à examiner et critiquer avec désintéressement les œuvres de l'esprit sérieuses et fortifiantes, de préférence à celles qui trouvent accès partout en flattant agréablement les sentiments et les passions des masses, toujours plus disposées à se laisser amuser qu'à se laisser instruire.

tions sérieuses, au lieu des divagations futiles ou insensées qui encombrent le terrain social.

Les encouragements fructueux se trouveront aisément quand on le voudra, et rien ne coûterait trop cher pour asseoir définitivement les bases sociales sur de semblables principes : honneur et force de ceux qui les observent!

D'un système d'éducation plus rationnel que celui qui nous régit, doit dépendre, pour l'avenir, l'éclosion spontanée en quelque sorte, des vertus sociales chez les jeunes générations. Puisse-t-elle modifier notre caractère national assez profondément pour que le souvenir de nos désastres et de leurs causes se burine en traits indestructibles dans les âmes : et une ère assurée de progrès, de bien-être et de gloire s'ouvrira pour la France, au lieu du destin lamentable qui l'attend !

CONCLUSION

En résumé, rien n'a été négligé des absurdités, des inconséquences et des injustices qui devaient conduire la France au degré d'abaissement où elle est arrivée; la désorganisation produite par des préoccupations matérielles presque exclusives, par l'imperfection et l'immobilité de nos institutions, alors qu'une vitesse vertigineuse emportait, sans frein, des aspirations passionnées, mal définies et imparfaites vers l'inconnu, a fait dévier de sa route notre pauvre patrie, qui roule au milieu des précipices.

L'Assemblée nationale a le pouvoir, en vertu du seul droit reconnu aujourd'hui, et le devoir, conséquence de ce droit, de ramener la France dans la bonne voie. Il lui est aisé d'y parvenir en s'inspirant du sens commun et de la justice, notamment pour les lois électorales, bases de l'édifice social; en *créant* le principe effectif de la responsabilité qui débarrassera le pays des administrateurs incapables ou improbes, et rendra plus prudents et moins redoutables les ennemis de l'ordre social; en provoquant le retour et le maintien des esprits vers le respect de l'autorité et du bien public, garanties de la discipline et de la prospérité générale; en réhabilitant le dévouement et le désintéressement, ces sublimes vertus qui suffiraient à la gloire de l'humanité, à travers tous les âges.

Jamais réformes ne furent aussi urgentes, jamais la situation ne sera plus favorable !

Que l'Assemblée se mette à l'œuvre, et l'accomplisse ; n'est-ce pas le vœu comme le devoir de tous ses membres? Elle s'assurera une reconnaissance, un honneur éternels, et la France deviendra immuable dans la liberté, la grandeur et la prospérité !

PARIS. — IMP. SIMON RAÇON ET COMP., RUE D'ERFURTH, 1.

www.ingramcontent.com/pod-product-compliance
Ingram Content Group UK Ltd.
Pitfield, Milton Keynes, MK11 3LW, UK
UKHW022143170726
13837UKWH00004B/1751